AF338980

ADRESSE

AUX DEUX CHAMBRES

ET

A LA NATION FRANÇAISE,

TOUCHANT

L'OCCUPATION DU TRÔNE,

OU

LE SEUL MOYEN DE SAUVER LA PATRIE.

PAR GABRIEL REY DE MONTAYMONT.

C'est sur l'avenir qu'il faut peser les démarches présentes.

GANGANELLI.

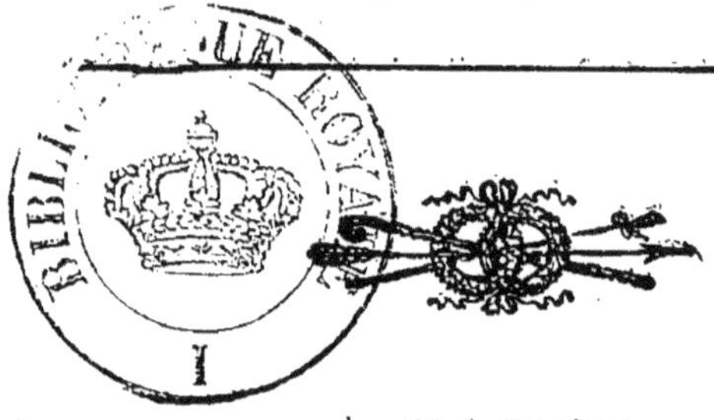

A PARIS,

CHEZ { PLANCHER, Libraire, rue Serpente, n° 14;
PELICIER, Libraire, au Palais-Royal;

Et Chez l'AUTEUR, rue de la Montagne Ste-Geneviève,
N° 37.

Juin 1815.

ADRESSE

AUX DEUX CHAMBRES

ET

A LA NATION FRANÇAISE,

TOUCHANT

L'OCCUPATION DU TRÔNE,

OU

LE SEUL MOYEN DE SAUVER LA PATRIE.

—————

QUEL est le grand but de la liberté de la presse ? C'est de faire parvenir aux oreilles des gouvernans la lumière et la vérité, qui, sans ce moyen, ne leur seroit toujours pas suffisamment connues, parce que souvent elles ne leur sont présentées qu'avec les sinuosités ténébreuses de la chicane, et masquées du voile de la politique et de la flatterie. Si cette liberté est déjà un droit dans les temps ordinaires, elle ne peut être encore qu'un droit, dans les grandes circonstances, mais un droit inviolable et sacré. En effet, à quelle époque la nation eût-elle plus besoin d'être éclairée sur ses véritables intérêts ?

« Le temps est gros de l'avenir » (Frédéric); *c'est sur l'avenir qu'il faut peser les démarches présentes.* C'est ce que n'a pas toujours fait la nation française depuis 25 ans. Aussi qu'en est-il résulté? des crimes, des renversemens de fortunes, la dépravation des mœurs, des guerres civiles et étrangères, des victoires remportées à la gloire immortelle des Français, mais que l'instabilité des choses humaines ont rendues inutiles sous tout autre rapport. Français, voulez-vous éviter un semblable période de maux et de calamités, et vraisemblablement l'oppression du peuple par les étrangers ou par les factions? Lisez dans l'avenir, découvrez-y le *maximum* de bonheur auquel vous puissiez atteindre, et n'hésitez pas à prendre la résolution qui peut y conduire. Ne souffrez pas que des intérêts particuliers, des considérations d'esprit de parti, ravissent à la France juqu'à l'espoir du repos et de la prospérité.

Français, vous êtes un peuple libre sans doute, cependant il vous importe de considérer ce que veulent les puissances étrangères, ce que vous voulez vous - mêmes, ET CE QUE VOUS DEVEZ VOULOIR pour le plus grand bien de la patrie, car *il ne s'agit pas ici d'un homme* (M. Dupin.)

Les princes alliés veulent en France un gouvernement stable, qui leur fournisse une garantie, et ils ne le trouvent, ou ils prétendent ne le trouver que dans la personne de Louis XVIII et de ses successeurs selon l'ordre héréditaire. Pour vous, divisés en trois partis, vous voulez, ou la république, ou le gouvernement impérial, ou le gouvernement royal.

La république mettroit fin à la compétiture, mais elle fourniroit d'autant moins de garantie aux nations, qu'il faudroit la déclarer en danger dès sa renaissance, et l'expérience du passé n'offriroit rien de rassurant pour les Français eux-mêmes. Nous ne trouvons dans le gouvernement royal, *qui seul est en identité avec le vœu des puissances*, qu'un homme que ses infirmités mettent hors d'état de rien voir par lui-même, et qui, avec le talent de gouverner joint à des intentions libérales, n'a pas laissé de faire un grand nombre de mécontens par ses agens et ses ministres. D'un autre côté, si Napoléon, dont le génie nous est connu, n'a pu soutenir le poids de la couronne, qui nous répondra que son fils le soutiendra mieux ?

Si Louis XVIII n'a pas l'usage de ses jambes, du moins n'est-il pas privé de celui de sa tête. Le jeune Napoléon n'a et n'aura de long-temps ni tête, ni jambes pour la France, et Dieu sait dans combien de révolutions elle aura passé lorsqu'il aura atteint l'âge de régner, si on compte sur cet enfant pour occuper le trône. Sera-ce un bon prince, un homme de génie, qui veuille et qui puisse faire le bien du peuple? Sans doute on l'ignore, et on ignore encore d'avantage ce que seront ses successeurs. La France n'a donc pas un intérêt suffisant pour courir les dangers d'une régence orageuse, qui pourrait entraîner le démembrement de la France, et à coup sûr la prolongation de la compétiture.

Je le répète donc, si vous cherchez véritablement le bien de la patrie, profitez d'une trop longue et trop récente expérience. Vous avez établi la liberté ; l'enthousiasme vous la promettoit durable ; le crime et la licence, au nom de la liberté, vous ont donné des gouvernemens sanguinaires. Quel fut l'origine de ces malheurs? L'égarement du peuple, QUI A TROP FAIT CE QU'IL A VOULU, pas assez ce qu'il devoit vouloir. Je m'abstiens de parler des factieux de la révolution, et je fais profession de n'être d'aucun parti, si ce n'est de celui qui doit fournir à la nation la plus grande somme de justice et de prospérité ; et si j'effleure les malheurs de cette révolution trop fameuse, ce n'est que pour en tirer des leçons salutaires.

Le peuple entraîné par des motions séditieuses, trompé par des écrits, le bas peuple trompé et soudoyé tout à la fois, une fermentation générale des esprits, contribuoient à l'ébranlement du trône. Il est renversé, le chef de l'état périt sur un échaffaud, la royauté et les Bourbons sont proscrits.

Si ce peuple, bon par caractère, *eût pesé*, je ne dis pas sur la justice, mais *sur l'avenir les démarches* alors *présentes*, il se fût bien gardé de participer en aucune manière au régicide et à tant d'autres crimes. Mais, abstraction faite des crimes, volontaires dans les uns, involontaires et matériels dans les autres, la nation a-t-elle obtenu le prix de tant d'efforts soutenus depuis 25 ans ? Jusqu'ici, non : la somme des sacrifices l'emporte de beaucoup sur la somme des avantages, et ce qui est peut-être pis encore, c'est que la politique des Chambres n'est pas en harmonie avec l'intérêt bien entendu de la nation. On craint de heurter les opinions, de ramener la guerre civile, et cette crainte est sage ; on craint de compromettre des intérêts particuliers de divers genres, et cette crainte est un crime de lèze-patrie. On tergiverse, on s'étourdit, on ne veut pas voir que dans les circonstances présentes, une seule fausse démarche peut donner cours, par la force des choses mêmes, à une nouvelle révolution', plus longue et plus désas-treuse encore que la première.

· On n'a pas oublié de quelle manière insolite l'empereur Napoléon a ressaisi le pouvoir en France. Dégagés, par son abdication, du pacte qu'ils avoient fait avec lui, les Français en con-tractèrent un autre qui n'étoit assurément pas moins obligatoire. Et si Napoléon ne vou-loit pas revenir en usurpateur, il devoit atten-dre que préalablement on eût prononcé sa dé-chéance à Louis XVIII, ou qu'il eût donné son abdication ; encore alors n'eût-il pas fallu prendre les rênes de l'État avant d'avoir été pourvu d'une élection en bonne forme, et ne pas gouverner pendant trois mois *avec un pou-voir sans bornes que donnent les circonstances et la confiance du peuple.*

Mais quelles sont donc les causes de la facilité avec laquelle s'est opéré ce retour inattendu ? Avant sa rentré en France, Louis XVIII avoit beaucoup trop promis par ses proclamations, et on peut dire qu'alors il agissoit d'après son cœur : sur le trône, il dût agir d'après la possibilité. Il a été quelquefois mal conseillé. L'État étoit obéré : l'impôt n'a pas sensiblement diminué ; les droits réunis ont été conservés (1); beaucoup d'officiers ont été impolitiquement licenciés avec la demi-solde. Le roi ou ses ministres ont fait revivre de vieux usages (2), en eux-mêmes assez indifférens, mais dont l'amour-propre aussi trop chatouilleux de la nation a été plus d'une fois vivement piqué. Louis n'étoit-il donc pas assez honoré d'être le roi de France, qu'il s'intitula encore le roi de Navarre ? A peine monté sur le trône, il compte dix-neuf années de règne, et semble condamner par-là tout ce qui s'est fait en France pendant cet espace de temps (3). Les lois devoient recevoir, et recevoient en effet, la sanction royale constitutionnelle, et la formule de cette sanction, despotique et surannée, étoit contradictoirement ridicule. Cependant, on voit par des proclamations et autres pièces qu'on sait être sorties de la plume de ce prince, qu'il est parfaitement au niveau de nos mœurs actuelles, et je ne conçois pas comment il n'a pas prévu que ces *antiquailles* seroient l'occasion de plaisanteries outrageantes; et que, moins respecté, il prêteroit le flanc à tous les mauvais propos ; que dans ses meilleures intentions même, sa conduite seroit rigoureusement scrutée et calomniée (4). Les oisifs n'avoient d'ailleurs aucun autre moyen d'abréger les heures, dans le calme de la paix, dont on ne savoit plus jouir. Plus de nouvelles

★

de la grande armée, plus de villes prises, plus de batailles, et surtout plus de victoires ! c'étoit une vrai privation. J'avoue que j'ai senti ce vide moi-même, quoique je sois aussi rarement oisif que belliqueux, et que j'ai toujours vu les horreurs et les désastres de la guerre avec un œil philantropique. Jugez de-là quel effet dût produire sur l'esprit de nos braves, le désœuvrement et la demi-solde.

Le parallèle entre le prince abdicataire et le successeur étoit aussi à l'avantage du premier, parce que le dernier déméritoit autant par ses infirmités que par le défaut de carrière militaire, et qu'il ne pouvoit mettre en compensation que des vertus. L'empereur avoit presque toujours été en querelle avec l'église : il a suffi que, sans rien accorder au clergé, le roi le laissât en paix (il y laissoit tout le monde), qu'il professât des senti-mens religieux, qu'on vît dans l'almanach de la cour le nom du confesseur du roi, qu'on aperçût de temps en temps des ecclésiastiques au château, pour qu'il fût accusé de se mettre sous la tutelle des prêtres, et qu'on criât : *A bas la calotte* (5). On mettoit donc aussi la religion du nouveau souverain *dans la catégorie des antiquailles du bon vieux temps.* Ainsi, aux yeux de certaines gens, la piété du roi étoit de la cagoterie, ses vertus politiques un manque de bravoure, sa clémence un défaut de fermeté. Enfin tout ce qui faisoit contraste avec le règne précédent, sembloit être défavorable à Louis XVIII. *La paix et le bonheur qu'il nous avoit apportés de son exil*, paroissoit également hors d'usage, et faisoient dire à ceux qui ne demandent que des *jeux et du pain* : Nous *voulons un roi qui se remue* (La Fontaine.)

Les divers corps de l'état et les administrations avoient été montés, par l'empereur, sur un pied colossal. La France, resserrée dans ses anciennes limites, et obérée par les frais de la guerre, ne pouvoit plus suffire à ces gros apanages, à ce grand nombre d'employés, à qui d'ailleurs elle n'avoit plus autant de travail à donner. Ainsi, nonobstant les proclamations qui promettoient la conservation de tous les emplois (6), le roi s'est vu forcé d'en diminuer le nombre, et quelquefois même de les faire partager avec les compagnons de son exil, dont la nation avoit vendu les biens. Les employés supprimés ont beaucoup souffert : le besoin dans lequel se trouvoient la plupart d'entre eux, ne permettoit pas de raisonner; ils en attribuoient toute la faute au monarque.

Louis XVIII avoit *apporté la paix*; et, occupé sans relâche à refermer les plaies de l'État, quoiqu'il eût aussi *apporté le bonheur*, il n'avoit pu encore en faire jouir tous les Français.

Assez d'autres que moi reprocheront au roi ses autres fautes, réelles ou imputées. Si on veut en connoître l'espèce et la totalité, on pourra cousulter une petite brochure composée pour cela, et qui les porte au nombre de dix-neuf. Quant à moi, je sortirois de mon sujet, si je me permettois, à cet égard, d'autres réflexions que celles qui touchent les causes de la révolution du 20 mars. D'ailleurs, si, dans la circonstance présénte, j'ai consenti que ma plume prît l'essor jusqu'à la politique, ç'a été pour servir la patrie, et non pour diffammer les princes malheureux, quels qu'ils fussent.

On voit, par les faits divers que je viens de toucher, qu'il y avoit sous le gouvernement de Louis XVIII une certaine masse de mécontens. L'armée, qui n'étoit plus accoutumée au repos, se voyoit comme dans un état de convalescence forcée; elle avoit d'ailleurs perdu une partie de sa paye; elle eût mieux aimé perdre la vie au champ d'honneur; elle se souvint de celui qui l'avoit si souvent conduite à la victoire; des officiers supérieurs eurent des intelligences avec l'Ile-d'Elbe; on buvoit *au père la Violette*, ce qui indiquoit jusqu'à l'époque du retour projeté.

Sûr de la force militaire, Napoléon était sûr aussi de ne point rencontrer d'obstacles. Il étoit d'ailleurs assez brave pour donner quelque chose au hasard. Faut-il donc tant s'étonner qu'il soit arrivé à Paris sans brûler une amorce ? Et faut-il en conclure que le gouvernement royal *est un gouvernement dont personne ne veut ?* La cour du Carrouzel et le jardin des Tuilleries, n'étaient-ils pas remplis par un peuple immense , qui chantoit des hymnes royales, ou qui répétoit sans cesse les cris de *vive le Roi ?* Sans doute , il y avoit des mécontens ; les uns, parce qu'ils perdoient au change ; d'autres, parce qu'ils n'y gagnaient pas ; et d'autres, parce qu'ils ne sont jamais contens de rien , et que les troubles et les bouleversemens sont les choses qui les amusent un peu. Mais la masse de la nation étoit pour le gouvernement royal, comme elle l'étoit indubitablement dix mois auparavant. Car, d'après un témoignage qui ne sauroit être suspect, celui d'un ancien républicain, d'ailleurs très-digne de foi, M. Carnot, enfin : *le retour des Bourbons produisit en France un enthousiasme universel ; ils furent accueillis avec une effusion de cœur inexprimable ; les anciens républicains partagèrent sincèrement la joie commune.... il ne se trouvoit personne qui ne fût réellement dans l'ivresse* (7). Ce peu de lignes vaut mieux, à mon avis, que tout le résumé du Champ-de-Mai, quoique ce résumé ne contienne que quatre ou cinq mille signatures négatives (8).

Si le sénat étoit incompétent (je le crois) pour prononcer la déchéance d'un prince et le retour d'un autre, du moins ne tarda-t-on pas à être convaincu que son jugement étoit l'expression du vœu général, et non l'effet d'une impulsion étrangère, qui, d'ailleurs, eût été conforme au vœu de la nation. Napoléon lui-même, loin de protester contre sa déchéance, la confirme par son abdication. Cependant, après sa déchéance et son abdication, après avoir été rejeté par la nation, d'une manière bien plus universelle qu'il n'en avoit été choisi, il vient, à la faveur de la force militaire et des mécontens, troubler un gouvernement paisible, s'en emparer même, et attirer les armes de toute l'Europe sur un peuple dont il se dit le libérateur. Tels sont les titres dont il se dépouille en faveur de son fils.

Napoléon donne pour prétexte de son retour, que sa retraite ne lui a pas été payée; que le congrès n'a pas donné de souveraineté au prince Eugène, de dédommagement à Marie-Louise;

qu'on refuse de lui rendre sa femme et son fils, etc., etc. L'élévation de Bonaparte à l'empire étoit fondée sur un acte entre la nation et lui : le traité de Fontainebleau est un acte où la nation n'a point de part, si ce n'est celle d'être déliée du serment de fidélité à l'empereur : le reste regarde les princes avec qui Bonaparte a traité, et la France n'a aucun ordre à donner au congrès de Vienne. Mais la nation française se fût-elle rendue en tout responsable à Napoléon, que ce n'auroit certainement pas été à la charge de le reprendre.

En raisonnant d'après des principes, nous voyons que Bonaparte arrive à Paris le 20 mars, avec le seul titre de perturbateur (9) du repos de la France, et bientôt de toute l'Europe. Seroit-ce donc par les services qu'il a rendus à la patrie depuis cette époque, qu'il auroit acquis au trône des droits pour lui ou pour les siens !!!

Mais si le souvenir des Bourbons avoit jeté dans le cœur des Français de si profondes racines, qu'après une proscription de 25 ans, *il ne se trouvât personne qui ne fût dans l'ivresse à l'occasion de leur retour*, seroit-il croyable qu'une année après, *il ne se trouvât personne qui voulût de leur gouvernement?* Non, non il n'en est pas ainsi. Le parti royaliste est très-nombreux (10), et le fût-il beaucoup moins, qu'il devroit encore avoir gain de cause, par la raison que nous ne devons pas toujours faire ce que nous voulons, mais CE QUE NOUS DEVONS VOULOIR pour le bien général. *Il ne s'agit pas ici d'un homme; il s'agit du salut de la patrie.* (M. Dupin.)

Au surplus, cette partie de la nation qui a si généreusement oublié que Bonaparte étoit déchu du trône impérial, qu'il avoit abdiqué, qu'il fut autrefois un tyran dont l'ambition faisoit périr toute la jeunesse française pour la satisfaire, hésiteroit-elle de faire à Louis XVIII, qui n'a encore contre lui ni déchéance ni abdication, la politesse d'oublier.... *les crimes d'état!... dont il s'est rendu coupable!* Que ce prince, trompé, ait quelquefois pris de fausses mesures, c'est ce qui arrive à tous les princes, même aux plus grands génies, quoiqu'on ne songe pas toujours à leur en faire reproche. Mais il n'en est pas moins certain que Louis XVIII avoit, et je suppose qu'il a encore, la volonté invariable de faire le bien du peuple. Il en aura aussi le pouvoir, si, par une sage politique, les Chambres ne se mettent pas dans le cas de faire du Roi leur ennemi, et si elles le rappellent de suite, dans son gouvernement; afin qu'on ne puisse pas dire une seconde fois que les puissances étran-

gères nous *imposent des princes*, et que les mal-
veillans ne tirent pas pretexte de là pour cabaler
ou pour se permettre des propos calomniateurs,
et qui tendroient à diminuer le respect dû à la
personne du souverain.

Si le retour de cette famille, « qui a donné
à la France tant de bons rois et si peu de mauvais (Louis XVI) », est le seul moyen de sauver
la patrie, son prompt retour est aussi le seul
moyen de prévenir les troubles qui ne tarderoient
pas à éclater.

Louis n'a point abdiqué : il n'a relevé personne du serment de fidélité ; et ceux qui s'en
sont relevés eux-mêmes, ont fait en cela des
fautes plus graves, peut-être, que celles du
Roi. Le meilleur moyen de les faire oublier,
ne consiste pas à temporiser son retour, à mettre
en question ses droits et la patrie en danger.

L'armée trahit son Roi : Louis se retire un
moment : le sang humain, le sang des Français
inonde les campagnes : *Napoléon, voilà ton
œuvre !!!* La nation redemande son Roi : l'Europe pose les armes : Louis *nous apporte une
seconde fois la Paix et le Bonheur.*

NOTES.

(1) Napoléon savoit que la conservation des Droits réunis avoit beaucoup mécontenté ; il les supprime de suite, ou il feint de les supprimer ; il en supprime du moins les formes vexatoires. Le Sénat, depuis long-temps avili, avoit encouru l'indignation du peuple, en mettant au nombre des conditions auxquelles Louis XVIII pouvoit régner, celle de rendre tous ses membres héréditaires dans leur dignité, et plus encose, je présume, dans leurs gros apanages. Napoléon retrouve ces mêmes hommes : il en fera les principales colonnes de son trône : l'indignation publique ne l'arrête point : Louis a refusé ; il accorde. La liberté de la presse n'avoit pas été entière sous le gouvernement royal, Napoléon la publie. Il est vrai que peu de temps après la promulgation des actes additionnels, Napoléon parle déjà de la restreindre ; c'est qu'alors il se croyoit un peu plus puissant. Enfin Napoléon affecte d'accorder tout ce que le roi a refusé, quitte, plus tard, à tout reprendre, ou à tout rendre.

(2) L'intention ultérieure de rétablir la dîme et la féodalité, et de révoquer la vente des biens nationaux, me paroît être une pure calomnie, à laquelle on prétend que des curés et d'anciens seigneurs de villages ont donné lieu.

(3) Napoléon frappe en effet de nullité tout ce qui s'est fait sous le gouvernement royal ; mais il évite avec soin de relater les années de son règne, ne voulant pas se prononcer sur 1814. La formule du protocole de ses actes,

a souvent varié, comme sa fortune. A ses divers avène-
mens il faisoit usage de l'expression *par la grâce de Dieu*,
qu'il négligeoit ensuite. Dans ces derniers temps, le protocole se réduisoit à ceci : *Napoléon, Empereur des
Français, etc.* Mais pour prouver aux princes alliés qu'il
n'y avoit pas d'arrière pensée d'ambition cachée sous l'*etc.*,
il en fit le sacrifice un peu avant de porter les armes sur
leur territoire.

(4) Il paroît que la conservation de ces vieux usages a
eu pour motifs, de tirer le rideau sur les horreurs de la
révolution, de rattacher plus immédiatement Louis XVIII
à la longue suite de rois de sa famille, de rappeler le
peuple à l'inviolabilité de la loi héréditaire, d'éviter que
le roi parût reconnoître ouvertement Napoléon pour son
prédécesseur, ce qui pouvoit être d'un dangereux exemple
pour l'avenir. Au reste, les troubles occasionnés par les
élections des rois de Pologne, et le démembrement de
ce royaume, doivent prouver à la France que l'hérédité
n'est pas moins dans l'intérêt de la nation que dans celui
de la famille régnante. Mais pourquoi aller chercher des
exemples en Pologne, tandis que nous en avons sous les
yeux de si frappans ? Sans doute, si les hommes n'a-
voient pas de passions, l'élection seroit préférable; mais
comme il n'en est pas ainsi, mieux vaut avoir de temps
en temps un prince médiocre (ce qui ne peut s'appliquer
à Louis XVIII), que de courir les chances de l'élévation
d'un homme nouveau. L'expérience funeste que la France
en a faite doit lui faire abandonner sans retour la cause
du jeune Napoléon, dont elle ne voudroit d'ailleurs pour
souverain, qu'autant que préalablement *il ne ressemble-
roit pas à son père.*

Que les Chambres lisent donc *dans l'avenir :* elles y verront qu'elles doivent exiger de Bonaparte une abdication *pure et simple ,* afin qu'un jour la patrie ne soit pas déchirée par des prétentions injustes, il est vrai, mais qui, pour être injustes , n'en seroient pas moins funestes, et d'autant plus qu'elles conserveroient des apparences légales.

(5) Le rapport du ministre de l'intérieur, inséré dans les journaux du 15 au 18 juin, dit que la somme de 150 franc accordée par l'empereur aux curés de campagnes qui desservent deux paroisses , a été portée par le roi à 200 frans, et que c'est tout ce qu'à fait Louis XVIII pour le clergé. Cela prouveroit que le roi ne récompensoit pas libéralement ceux qui dirigeoient son esprit, ou qu'il le dirigeoit souvent lui-même. Il conserva pourtant au ministère de l'intérieur le digne ecclésiastique que ses lumières y avoient placé sous le gouvernement provisoire. Quant à cette belle expression patriotique, *à bas la calotte,* si elle n'a pas été d'usage sous l'empereur, ce n'est pas qu'on ait manqué de voir des ecclésiastques à la Cour, au Sénat, comme on en voit aujourd'hui à la Chambre des Pairs, mais c'est qu'on étoit persuadé que Napoléon s'en tiendroit à une juste mesure de piété, et qu'il ne donneroit pas dans cagoterie dont on prétendoit officieusement préserver le Roi. Ce peuple *grognard ,* qui ne distingue pas toujours très-bien la religion d'avec ce qui n'en est que le fantôme, ignore aussi que la piété dans un monarque, et surtout dans un prince éclairé comme Louis XVIII , est le plus sûr garant de sa justice et de la prospérité publique.

(6) A son apparition du 20 mars , l'Empereur a dit formellement, qu'il regardoit comme non-avenu tout ce

qui s'étoit fait dans le gouvernement depuis son départ, et il ne s'est même pas engagé à conserver ce qui existoit avant. C'étoit une injustice d'autant plus révoltante, que son abdication ne permettant pas de compter sur un retour usurpateur, chacun a dû se procurer la sanction dont il avoit besoin pardevant qui de droit, et selon les lois du temps, car on a cru pouvoir en faire pendant son absence, qu'on ne savoit pas d'ailleurs devoir être si courte. Quoi qu'il en soit, l'Empereur a changé la plus grande partie des magistrats, entre autres, plus de soixante préfets, qu'il n'a pas osé laisser entre la honte et le devoir.

(7) Et c'est ainsi *qu'on impose à la France des souverains dont elle ne veut pas.* Sans doute, les vœux des peuples de la confédération du Rhin, de l'Italie, de l'Espagne, etc., et en dernier lieu de la France elle-même, avoient été beaucoup mieux consultés avant qu'on ne leur fît *la grâce* de remplacer leurs vieux despotes à préjugés et à courtes vues, par des souverains dont les règnes de père en fils n'auront point de fin, dont la race ne doit jamais *s'abâtardir,* et dont *les idées libérales* ne tarderont pas à conduire l'Europe au plus haut degré de civilisation, d'urbanité, de liberté politique, et sur-tout *d'humanité.*

(8) Je ne demande pas si elle étoit légale cette autorité qui a rédigé les actes additionnels, et qui en a proposé l'adoption; j'oublie qu'elle ne laissoit aucun doute sur cette adoption, en avertissant qu'après le dépouillement des votes, les actes additionnels seroient publiés et mis au bulletin des lois; je n'ai point compté les votes; je ne suis pas même curieux de savoir si ceux qui les ont comptés n'ont pas commis d'erreurs; je veux bien

ignorer aussi le nombre des votes affirmatifs, puisqu'on n'a pas jugé à propos de nous le faire connoître; mais j'observe qu'on a eu tort de considérer comme votant affirmativement tous les non-signataires, qui, pour la plupart royalistes, ne pouvoient pas même se permettre une signature négative, sans mettre en doute si Louis XVIII étoit encore le chef de l'État. Le nombre des votes affirmatifs seroit encore considérablement diminué, si on en élaguoit tous ceux qui ont été arrachés par la crainte. Combien d'employés qui ne se sont résignés à donner leur signature, que pour ne pas laisser manquer de pain leur famille ! Cependant, c'est d'après ces votes que Napoléon va régner constitutionnellement. Jusque-là, il étoit seulement investi *d'un pouvoir sans bornes, que lui donnoient les circonstances et la confiance du peuple.*

Le scrupule qui s'est opposé à ce que les royalistes *libres* signassent *même négativement* pour les actes additionnels, fait qu'ils n'ont également pris aucune part aux élections d'où l'on devoit extraire la représentation nationale. Aussi la minorité des voix indique-t-elle souvent le vœu de la nation. La chambre des pairs devoit être, de sa nature, anti-royaliste.

(9) Ce n'est pas ainsi que l'entend Napoléon : il prétend que depuis le 20 Mars, jusqu'à la promulgation des actes additionnels, *que nous devons regarder comme notre étoile polaire*, « il a gouverné avec un pouvoir sans bornes, « que lui ont donné les circonstances et la confiance « du peuple. » Napoléon est un dissipateur, et le peuple un prodigue. Mieux vaut puiser moins abondamment, et ne pas tarir la source; mieux vaut donner par mesure, et donner plus long-temps.

(10) Si les royalistes n'étoient pas comprimés par les circonstances, les républicains et les bonapartistes réunis ne soutiendraient pas la comparaison. Comme je crois l'avoir prouvé dans la note 8, il ne convient pas toujours de juger de l'opinion générale de la nation par la majorité des voix dans les chambres, et encore moins par les discussions de leurs membres, dont chacun d'ailleurs doit aux circonstances, de la temporisation, et à ses collègues des ménagemens auxquels se mêle quelquefois la politique.

On prétend qu'il y a un fort parti pour le duc d'Orléans, mais que ce prince ne voudroit pas régner. En cela sa délicatesse tendroit encore à prévenir les troubles, et la France fera bien de ne s'écarter ni de la famille, ni de l'ordre héréditaire.

DE L'IMPRIMERIE DE MAME, RUE DU POT-DE-FER.

www.ingramcontent.com/pod-product-compliance
Lightning Source LLC
Chambersburg PA
CBHW051159050726
47594CB00007B/2965